Inhalt

Klimaschutz in der Chemie - Hat die chemische Industrie ihre Hausaufgaben gemacht?

Kernthesen

Beitrag

Fallbeispiele

Zahlen und Fakten

Weiterführende Literatur

Impressum

Klimaschutz in der Chemie - Hat die chemische Industrie ihre Hausaufgaben gemacht?

Autor GENIOS BranchenWissen: A.Schneider

Kernthesen

- Die chemische Industrie ist die Branche mit dem größten Energiebedarf in Deutschland.
- In der aktuellen Werbekampagne wirbt die deutsche Chemieindustrie mit ihren vorbildlichen Leistungen zum Klimaschutz und hat sich selbst verpflichtet, bis 2012 das Kohlendioxid um bis zu 50 Prozent und den Energieeinsatz um bis zu 40 Prozent zu drosseln.

- Bei der Gebäudedämmung, im Automobilbau, bei Solarzellen, Leuchtmitteln und im Haushalt helfen Produkte der Chemie, den Energieverbrauch und damit Treibhausgase zu reduzieren.

Beitrag

Die deutsche Chemieindustrie wirbt mit ihren vorbildlichen Leistungen zum Klimaschutz. Sie sieht sich als Retter und nicht als Verursacher des Klimaproblems.

Grüne Welle erfasst Politik und Wirtschaft

Eine grüne Welle geht um die Welt: Klimaschutz. Stern-Report, UN-Klimabericht Teil I, II und III, DIW-Klimagutachten ein Puzzleteil fügt sich zum anderen. Alle nähren die Angst vor den horrorhaften Szenarien der drohenden Klimakatastrophe.

Die Tagesordnungen der diesjährigen politischen Bühne sind voller Klimathemen. Auf dem World Economic Forum in Davos wurden die Teilnehmer mit ihrem Beitrag zur CO2-Schadstoffbilanz konfrontiert.

Der EU-Umweltgipfel brachte erste konkrete Ziele zur Reduktion des Kohlendioxidausstoßes. Das Klima war Thema im französischen Wahlkampf. Klimaschutz wird das wichtigste Thema beim G8-Gipfel in Heiligendamm Ende Juni sein. Ein Kyoto-Nachfolgeabkommen will die Welt auf dem Weltklimagipfel in Indonesien im Dezember beschließen.

Auch die Wirtschaft lässt sich vom Sog der Klimawelle mitreißen. Unternehmen quer durch alle Branchen haben sich den Klimaschutz auf die Fahnen geschrieben. Silicon-Valley befindet sich im Ökoboom, Steve Jobs gelobt ein grüneres Apple. Energiesparlampenhersteller haben Hochkonjunktur. Sonnenkollektoren boomen, Biodieselanlagen ebenfalls. Ein neuer Weltmarkt für Umwelttechnik erwächst. Umweltdirektoren und Top-Manager für Umweltstrategien sitzen derzeit fest im Sattel. (1)

In ihrer aktuellen Anzeigenkampagne fordert die deutsche Chemiebranche mit dem Motiv Kyoto, dass alle großen CO2-Emittenten sich am globalen Klimaschutz beteiligen müssen, bevor die Politik neue Klimaschutz-Ziele diskutiere.

Chemieindustrie sieht sich als

Retter und nicht als Verursacher des Klimaproblems

Die chemische Industrie ist die Branche mit dem größten Energiebedarf in Deutschland. Ihre Produktionsprozesse brauchen viel Strom und Wärme. Dementsprechend hoch sind die Stromkosten. Ein sparsamer Umgang mit dem Kostenfaktor Energie liegt damit im ureigenen Interesse der Branche.

Die derzeit blühende Konjunktur hat auch eine Schattenseite. Wenn die Wirtschaft brummt, wird das Klimagas Kohlendioxid vermehrt ausgestoßen. Laut Umweltbundesamt wurden in Deutschland im vergangenen Jahr insgesamt 878 Millionen Tonnen CO_2 und damit 0,6 Prozent mehr in die Luft gepustet als im Vorjahr. Dabei legten die Emissionen aus der Industrie mit plus 5,4 Prozent deutlich zu. Einen gewichtigen Anteil hatten die Metall- und Chemiewerke. (2)

Dennoch sieht sich die deutsche Chemieindustrie als Retter und nicht als Verursacher des Klimaproblems.

Erste Branche mit Selbstverpflichtung zur Reduktion

des Kohlendioxidausstoßes

Zum einen hat die Branche als erste Mitte der Neunzigerjahre eine Selbstverpflichtung abgegeben. Das Ziel, CO_2-Emissionen und Energieverbrauch zwischen 1990 und 2005 um jeweils 30 Prozent zu senken, hat die Branche sogar vorzeitig erfüllt.

Von 1990 bis 2002 ist der Energieverbrauch der Chemiebranche von 31,2 Millionen Tonnen auf 24,5 Millionen Tonnen gesunken - ein Minus von mehr als 25 Prozent. Kohle wurde durch Gas ersetzt. Das verringerte den CO_2-Ausstoß um mehr als 30 Prozent von 65,4 auf 45,4 Millionen Tonnen.

In einer neuen Erklärung hat sich die Branche im Jahr 2000 verpflichtet, bis 2012 das Kohlendioxid um bis zu 50 Prozent und den Energieeinsatz um bis zu 40 Prozent zu drosseln.

Prozesse und Anlagen wurden optimiert und mithilfe neuer Technologien auf energiesparende Produktion getrimmt. In eigenen Kraftwerken werde Energie zu 90 Prozent mit hocheffizienter Kraft-Wärme-Kopplung erzeugt. Zwei Millionen Tonnen pflanzlicher Rohstoffe werden jährlich in der Produktion eingesetzt. Schon früh habe also die Branche ihre Hausaufgaben gemacht, so der Verband der Chemischen Industrie (VCI). (3), (4), (5)

Produkte der Chemiebranche sparen Energie

Zum anderen spart die Chemiebranche Energie, indem sie innovative Produkte und Lösungen bereitstellt, die anderen Unternehmen und Branchen beim Klimaschutz helfen. In ihrer Anzeigenkampagne zeigt die Chemiebranche mit dem Motiv Energisch, wie Produkte der Chemie zum Beispiel bei der Gebäudesanierung und im Verkehrsbereich helfen, den Energieverbrauch und damit Treibhausgase zu reduzieren.Bei der **Gebäudedämmung** sparen Dämmstoffe aus Kunststoffen wie Polystyrol oder Polyurethan Heizöl und senken damit den CO2-Ausstoß. Im **Automobilbau** verringern moderne Kunststoffe und Klebstoffe das Fahrzeuggewicht, reduzieren den Spritverbrauch und damit die CO2-Emissionen. Neue Zusatzstoffe aus der Chemie verkleinern den Rollwiderstand von Autoreifen und damit den Benzinverbrauch. Für die Akkus von Hybridmotoren liefert die Chemie leistungsstarke Membranen. Das Herzstück der Brennstoffzelle, eine Kunststoffmembran, soll durch die Forschung und Entwicklung der Chemie leistungsfähiger werden. Nur mit Know-how aus der Chemie werden aus nachwachsenden Rohstoffen wie Raps, Mais oder

Zuckerrüben **Kraftstoffe**. Bei der Produktion von Biodiesel beschleunigen Katalysatoren aus der Chemie den Herstellungsprozess. Bioethanol wird über Vergärungsprozesse gewonnen, bei denen in biotechnologischen Verfahren Enzyme und Mikroorganismen zum Einsatz kommen.das Silizium für die **Solarzellen** liefert die chemische Industrie. Sie forscht außerdem an effizienten Solarzellen auf der Basis organischer Halbleitermaterialien. Im **Haushalt** helfen Latentwärmespeicher die Innenraumtemperaturen zu regulieren. Beim Wäschewaschen werden heute rund 60 Prozent weniger Strom verbraucht als vor 35 Jahren. Das liegt an modernen Waschmitteln mit neuartigen Enzymen, Bleichmitteln und Polymeren und an Laugenbehältern aus Kunststoff, die sich optimal an Trommeln in Waschmaschinen anpassen. Der Wasser- und Stromverbrauch sinkt, der CO_2-Ausstoß ist geringer. Mit den Herstellern von **Leuchtmitteln** arbeitet die chemische Industrie an dem dünnen organischen, halbleitenden Polymerfilm für die sogenannten organischen Leuchtdioden. (6)

BASF und Bayer als deutsche Vorzeigeunternehmen beim Klimaschutz

In einem Branchenvergleich wird der deutschen Chemieindustrie in der Tat bescheinigt, ihre Hausaufgaben beim Klimaschutz gemacht zu haben. Andere Branchen wie Autoindustrie, Bau, Handel, Energiewirtschaft, Mineralöl und Touristik schneiden schlechter ab. (3)
Entsprechend selbstbewusst tritt die Branche auf und richtet ihre Forderungen an die Bundesregierung. Innerhalb der EU müssten die Lasten, die das neue Klimaschutzziel der EU-27 mit sich bringe, fair verteilt werden. Bei der Förderung der erneuerbaren Energien müssten Effizienz und Wirtschaftlichkeit stärker beachtet werden. Und die Regeln für den Handel mit Emissionszertifikaten müssten erheblich verbessert werden. (7)

Auch BASF und Bayer, die beiden deutschen Großunternehmen der Chemie-Branche, präsentieren sich als Vorzeigeunternehmen beim Klimaschutz. Nach einer Studie des Arbeitskreises für Umweltbewusstes Management (B.A.U.M.) setzen sich BASF und Bayer nach Henkel und der Deutschen Telekom unter den Dax-30-Unternehmen am stärksten für den Klimaschutz ein. BASF und Bayer gehören neben der Allianz und der Münchener Rück zu den vier deutschen Großkonzernen, die die Erklärung des "Global Roundtable on Climate Change" unterzeichnet haben. Die beiden Konzerne sind im Climate Leadership Index der internationalen

Investorengruppe Carbon Disclosure Project vertreten. In dem Index werden nur die 50 Unternehmen berücksichtigt, die sich nachhaltig und transparent um Klimaschutz bemühen.

Fazit

Es bleibt zu hoffen, dass der gegenwärtige Feuereifer beim Klimaschutz kein kurzer Hype ist, sondern dass Politik, Wirtschaft und Private nachhaltig am Streben nach Klimaschutz festhalten und sich dieses als dauerhafter Trend etabliert.

Fallbeispiele

BASF

, Hersteller von Chemikalien, Kunststoffen, Veredlungsprodukten, Pflanzenschutzmitteln und Feinchemikalien sowie Erdöl und Erdgas, hat sich Sustainability auf die Fahnen geschrieben und wirbt bereits auf der Homepage mit intelligenten Lösungen für den Klimaschutz. Beim Bauen und Wohnen beispielsweise bietet BASF mit dem Baustoff Neopor einen Dämmstoff für Gebäude an, mit dem sich bis zu 80 Prozent der Heizkosten senken lassen. Die erste Sendung seines Audiomagazins Chemie der Innovationen befasste sich mit Energiesparkonzepten beim Hausbau. Weitere Lösungen gibt es für die Mobilität, Energie, Gesundheit und Ernährung.Auch die kürzlich beschlossene Kooperation mit dem US-Konzern Monsanto diene dem Klimaschutz. BASF entwickelt und vermarktet künftig widerstandsfähige Nutzpflanzen zusammen mit Monsanto. Die Schaffung ertragreicherer und gegen Trockenheit oder Salze widerstandsfähigerer Pflanzen sei nicht nur für die künftige Ernährung der Weltbevölkerung von zentraler Bedeutung, sondern auch für die Schaffung Erneuerbarer Energien und damit für den weltweiten Klimaschutz. (8), (9)

Bayer

, Hersteller von Medikamenten, Kunststoffen, Pflanzenschutzmitteln und Saatgut, hat weltweit die direkten Treibhausgas-Emissionen seit Anfang der neunziger Jahre um rund 70 Prozent reduziert. Der Konzern setzt auf Nachhaltigkeit und veröffentlicht ökologische Kennzahlen in seinem Nachhaltigkeitsbericht. Bayer engagiert sich an der von der Industrie ins Leben gerufenen 3-C-Initiative ("Combatting Climate Change") sowie an Gesprächsrunden im Rahmen der G8. Bayer hat mit der Schweizer Autoschmiede Rinspeed ein Konzeptauto entwickelt, das dank des Kunststoffes Makrolon nur 750 Kilogramm wiegt rund 50 Prozent weniger als ein VW Golf. Jüngstes Fallbeispiel in Sachen Klimaschutz ist eine Modernisierung bei den Umweltdiensten von Bayer Industry Services (BIS): Durch den Einsatz eines so genannten Regenerativen Thermoreaktors können die Kohlendioxid (CO_2)-Emissionen in der Thermischen Abluftverbrennungsanlage (TVA) im Chemiepark Dormagen zukünftig um 11 000 Tonnen pro Jahr reduziert werden. (10)

Zahlen & Fakten

- EU-27-Klimaziel: Bis 2020 sollen die Treibhausgas-Emissionen gegenüber 1990 um mindestens 20 Prozent reduziert werden. Wenn andere Industriestaaten außerhalb der EU diesem Weg folgen, soll die Zielmarke sogar auf 30 Prozent angehoben werden. Von 1990 bis 2005 haben die EU-27 ihre Emissionen nur um rund acht Prozent reduziert.

- Laut Umweltbundesamt wurden in Deutschland

2006 insgesamt 878 Millionen Tonnen CO2 und damit 0,6 Prozent mehr in die Luft gepustet als im Vorjahr. Dabei legten die Emissionen aus der Industrie mit plus 5,4 Prozent deutlich zu.

- Von 1990 bis 2002 ist der Energieverbrauch der Chemiebranche von 31,2 Millionen Tonnen auf 24,5 Millionen Tonnen gesunken - ein Minus von mehr als 25 Prozent. Kohle wurde durch Gas ersetzt. Das verringerte den CO2-Ausstoß um mehr als 30 Prozent von 65,4 auf 45,4 Millionen Tonnen.

- In einer neuen Erklärung hat sich die Branche im Jahr 2000 verpflichtet, bis 2012 das Kohlendioxid um bis zu 50 Prozent und den Energieeinsatz um bis zu 40 Prozent zu drosseln.

Weiterführende Literatur

(1) Pitzke, Marc, Der Dotcom-Boom wird zum Öko-Boom, Spiegel Online, 05.05.2007
aus Chemie.DE News

(2) O.V., Umweltbundesamt, Kohlendioxidausstoß 2006 leicht gestiegen, Presseinformation 16/2007
aus Chemie.DE News

(3) Kiani-Kress, Ruediger, Jedes Jahr effizienter,

WirtschaftsWoche online, 22.03.2007
aus Chemie.DE News

(4) REPORT - Wirtschaft Krach mit der EU
aus Focus, 05.02.2007; Ausgabe: 06; Seite: 54-55

(5) O.V., Verband der Chemischen Industrie e.V. (VCI), Weiterentwickelte Selbstverpflichtungserklärung der chemischen Industrie im Rahmen der Klimaschutzvereinbarung der deutschen Wirtschaft vom November 2000, 24. Januar 2001
aus Focus, 05.02.2007; Ausgabe: 06; Seite: 54-55

(6) O.V., Verband der Chemischen Industrie e.V. (VCI), Klimaschutz mit Chemie, www.vci.de, April 2007
aus Focus, 05.02.2007; Ausgabe: 06; Seite: 54-55

(7) Chemische Lösungen
aus Frankfurter Allgemeine Zeitung, 24.04.2007, Nr. 95, S. B4

(8) O.V., Intelligente Lösungen für den Klimaschutz, www.basf.de
aus Frankfurter Allgemeine Zeitung, 24.04.2007, Nr. 95, S. B4

(9) BASF und Monsanto verändern Gene gemeinsam
aus netzeitung.de vom 21.03.2007

(10) O.V., Chemiepark setzt innovative Strategien für den Klimaschutz um: 1.000 Tonnen weniger

Kohlendioxid bei der Abluftverbrennung von Bayer Industry Services, www.bayer.de, 29.03.2007
aus netzeitung.de vom 21.03.2007

Impressum

Klimaschutz in der Chemie - Hat die chemische Industrie ihre Hausaufgaben gemacht?

Bibliografische Information der deutschen Nationalbibliothek

Die Deutsche Nationalbibliothek verzeichnet diese Publikation in der deutschen Nationalbibliografie; detaillierte bibliografische Daten sind im Internet über http://dnb.d-nb.de abrufbar.

ISBN: 978-3-7379-2231-9

© 2015 GBI-Genios Deutsche Wirtschaftsdatenbank GmbH, Freischützstraße 96, 81927 München, www.genios.de

Alle Rechte vorbehalten. Dieses Werk ist einschließlich aller seiner Teile – z.B. Texte, Tabellen und Grafiken - urheberrechtlich geschützt. Jede Verwertung außerhalb der Grenzen des Urheberrechtsgesetzes bedarf der vorherigen Zustimmung des Verlags. Dies gilt insbesondere auch für auszugsweise Nachdrucke, fotomechanische

Vervielfältigungen (Fotokopie/Mikroskopie), Übersetzungen, Auswertungen durch Datenbanken oder ähnliche Einrichtungen und die Einspeicherung und Verarbeitung in elektronischen Systemen.